BEI GRIN MACHT SICH I
WISSEN BEZAHLT

Bibliografische Information der Deutschen Nationalbibliothek:

Die Deutsche Bibliothek verzeichnet diese Publikation in der Deutschen National-
bibliografie; detaillierte bibliografische Daten sind im Internet über http://dnb.d-
nb.de/ abrufbar.

Impressum:

Copyright © 2016 GRIN Verlag, Open Publishing GmbH
Druck und Bindung: Books on Demand GmbH, Norderstedt Germany
ISBN: 9783668448506

Dieses Buch bei GRIN:

http://www.grin.com/de/e-book/365370/prozessmodellierung-in-freeware

Carsten Gorski-Henz

Prozessmodellierung in Freeware

GRIN Verlag

GRIN - Your knowledge has value

Der GRIN Verlag publiziert seit 1998 wissenschaftliche Arbeiten von Studenten, Hochschullehrern und anderen Akademikern als eBook und gedrucktes Buch. Die Verlagswebsite www.grin.com ist die ideale Plattform zur Veröffentlichung von Hausarbeiten, Abschlussarbeiten, wissenschaftlichen Aufsätzen, Dissertationen und Fachbüchern.

Besuchen Sie uns im Internet:

http://www.grin.com/

http://www.facebook.com/grincom

http://www.twitter.com/grin_com

Prozessmodellierung in Freeware

Hausarbeit

vorgelegt von

Carsten Gorski-Henz

Hochschule Niederrhein

Fachbereich Wirtschaftswissenschaften

Studiengang Wirtschaftsinformatik

Sommersemester 2016

Inhaltsverzeichnis

Abkürzungsverzeichnis

AG	Aktiengesellschaft
BMP	Basic Multilingual Plane
BPM	Business Process Management
bzw	beziehungsweise
BPMN	Business Process Model and Notation
EPK	Ereignisgesteuerte Prozesskette
eEPK	erweiterte Ereignisgesteuerte Prozesskette
EPS	Encapsulated PostScript
GUI	Graphical User Interface
JPG	Joint Photographic Experts Group
o.A.	ohne Angabe
OSX	Operating System Ten
o.V	ohne Verfasser
PDF	Portable Document Format
PNG	Portable Network Graphics
UML	Unified Modeling Language
WKD	Wertschöpfungskettendiagramm
XML	Extensible Markup Language

Abbildungsverzeichnis

Erläuterungen

Ich kann nicht garantieren was sich wirklich insbesondere hinter den Links verbirgt. Die Links sind von mir sorgsam ausgewählt worden und funktionierten einwandfrei. Für den Download von Software kann keinerlei Garantie oder Haftung, auch nicht für daraus eventuell resultierende Folgeschäden, welcher Art auch immer, übernommen werden.

1. Einleitung

Prozessmodellierung spielt eine immer entscheidendere Rolle, wenn es darum geht Geschäftsprozesse in einem Unternehmen zu modellieren. Ein grundlegendes Ziel ist die Erfassung beziehungsweise die Dokumentation der bereits im Unternehmen existierenden Geschäftsprozesse. Um dies zu ermöglichen ist es notwendig das Unternehmen systematisch zu untersuchen und herauszufinden wie bestimmte Tätigkeiten durchgeführt werden.

Leider ist die Lizenz guter Software wie zum Beispiel Microsoft Visio ziemlich teuer und für kleinere Unternehmen nicht unbedingt lukrativ.

Abbildung 1 MS Visio Preise[1]

Hierfür gibt es mittlerweile aber genügend Freeware Tools, die dem Abhilfe schaffen sollen. In dieser Arbeit sollen einige Tools vorgestellt, näher erläutert und eine Auswahl eines geeigneten Tools ermöglicht werden. Zunächst werden aber alle Tools gezeigt, um dann später eine Bewertung vornehmen zu können. Hierbei wird aber schon auf wichtige Dinge achtgeben und gesagt was positiv und negativ ist.

---

[1] Unter: http://msoffice-outlet.de/ms-visio/ [Stand 04.06.2016]

2. Definitionen

Um zu verstehen, worum es geht, müssen erst einige Begrifflichkeiten geklärt werden.

2.1 Prozess

Als erstes wird die Begrifflichkeit „Prozess" erklärt. Prozess kommt aus dem lateinischen Wortschatz und wird von „procedere" abgeleitet. Dies kann mit voran kommen oder Fortschritte machen übersetzt werden.[2] Freier kann es auch als vorwärts gehen übersetzt werden. Hiermit ist also der Verlauf oder die Entwicklung gemeint. Prozesse können somit als ablaufendes Programm verstanden werden. Ein Prozess wird durch ein Startereignis ausgelöst und dann bis zum Erreichen eines Ziels durch Teilprozesse fortgeführt. Die Summe aller Prozesse eines Unternehmens ergeben die Prozessorganisation.

2.2 Modellierung

Als Modellierung wird umgangssprachlich das Formen bzw. Nachbilden verstanden. Um zu der Begrifflichkeit „Prozessmodellierung" zu gelangen wird der Begriff „Modellierung" im nachfolgenden als „ein Muster anfertigen von" verstanden. In dem Fall der Prozessmodellierung sind hier insbesondere die Geschäftsprozesse gemeint.

2.3 Software Engineering

Software Engineering setzt sich aus den Wörtern „Software" und „Engineering" zusammen. Software ist die „Bezeichnung für die Programme, die auf einem Computer aufgeführt werden. Ohne Software ist die Hardware nicht betriebsfähig."[3] Hierbei wird speziell zwischen den Systemprogrammen, welche für die Ausführung des Systems und der verbundenen Hardware genutzt werden, und den Anwendungsprogrammen, welche als Dienst auf einem System laufen und dem Anwender verschiedene Möglichkeiten bieten, unterschieden. Engineering ist das erforschen und erarbeiten von naturwissenschaftlichen Erkenntnissen und der Anwendung in der Praxis.[4]

Software Engineering befasst sich mit der Entwicklung, dem Einsatz und der Wartung von Software. Prozessmodellierung lässt sich nun in das Teilgebiet des Projektmanagements einordnen. [5]

---

[2] Unter: http://www.frag-caesar.de/lateinwoerterbuch/procedere-uebersetzung.html [Stand 04.06.2016]
[3] Unter: http://wirtschaftslexikon.gabler.de/Definition/software.html [Stand 04.06.2016]
[4] Unter: https://www.absolventa.de/jobs/channel/ingenieure/thema/engineering-definition [Stand 04.06.2016]
[5] Unter: http://wirtschaftslexikon.gabler.de/Definition/software-engineering.html [Stand 04.06.2016]

2.4 Freeware

Freeware ist gebildet aus dem englischen Wort „free" (kostenlos), sowie dem englischen Wort „ware" (Ware), also kostenlose Ware. Gleichzeitig lässt es sich aber auch von Software ableiten. Im allgemeinen Sprachgebrauch bezeichnet es „Software, die vom Urheber zur kostenlosen Nutzung zur Verfügung gestellt wird."[6]

Der Unterschied zu Open Source Software liegt darin, dass der Quellcode nicht öffentlich zugänglich ist und somit auch keine Weiterentwicklung möglich ist.

3. Beispiel Prozess

Da die eingesetzten Programme hinsichtlich ihrer Eigenschaften getestet werden müssen und eine Vergleichbarkeit geschaffen werden muss, habe ich mir ein Projektbeispiel überlegt. Möglichst viele Funktionen sollen getestet werden um einen Eindruck über die Software gewinnen zu können. Es soll hierbei speziell die Möglichkeit der erweiterten Ereignisgesteuerten Prozesskette(eEPK) getestet werden. Um dies zu ermöglichen wird folgender Beispielprozess verwendet:

„Ein Kunde ruft an und möchte einen Auftrag erteilen. Ein Mitarbeiter ermittelt im Gespräch den genauen Kundenwunsch. Der Auftrag wird dann auf technische und auf kaufmännische Machbarkeit geprüft. Wenn der Auftrag die Prüfungen bestanden hat, wird darüber hinaus die Bonität des Kunden und die Verfügbarkeit des Produktes geprüft. Bei positiven Prüfergebnissen wird der Auftrag angenommen, ansonsten abgelehnt." [7]

4. yEd Graph Editor

Der yEd ist eine Desktop Anwendung, welche genutzt werden kann um schnell und effizient Diagramme mit hoher Qualität erstellen zu können. Diagramme können manuell erstellt werden oder von externen Daten importiert werden um diese zu analysieren. Der automatische Layout Algorithmus bearbeitet auch große Datenaufkommen mit nur einem Klick. Der yEd Graph Editor ist kostenlos zu erhalten und läuft auf allen Plattformen.[8]

4.1 Wer steckt dahinter?

Der yEd Graph Editor ist von der yWorks GmbH aus Tübingen entwickelt worden und wird durch diese vertrieben und zum Download angeboten. Die yWorks GmbH bezeichnet sich

---

[6] Unter: https://lehrerfortbildung-bw.de/sueb/recht/urh/allg/liz/softw/ [Stand 04.06.2016]
[7] Stegemerten – Vorlesungsunterlagen. [Stand 11.06.2014]
[8] Unter: http://www.yworks.com/products/yed [Stand 04.06.2016]

selbst als „the diagramming company". Auf ihrer Internetpräsenz werden verschiedene Tools zum Download angeboten. Einige hiervon sind leider nicht kostenlos, andere hingegen schon. Die Preise sind sogenannte Staffelpreise. Hierbei wird in der Anzahl der Nutzer unterschieden. Je mehr Benutzer man kauft, desto günstiger wird die Lizenz für einen Benutzer.

Zusätzlich dazu, wird noch zwischen „Commercial License" und „Academic License" unterschieden. In der eigentlichen Software gibt es keinen Unterschied. Der Unterschied liegt hier in der Nutzung der Software. Wobei die „Academic License" der Lehre dient, wird die „Commercial License" genutzt um mit dieser, Umsatz zu generieren.

	Price (US Dollar)
Commercial Academic	
10 users	free
25 users	150
50 users	240
100 users	450
500 users	1,200
2000 users	2,400
2000+ users	3,600

Buy Now!

Abbildung 2 yWorks Diagrams - Preisgestaltung[9]

4.2 Allgemeines

Beim Start des yEd Graph Editor sticht sofort die Übersichtlichkeit der Software heraus. Ein schnelles Zurechtfinden ist dadurch gegeben und es kann sofort mit der Modellierung gestartet werden.

---

[9] Unter: http://www.yworks.com/products/diagrams-for-confluence [Stand 04.06.2016]

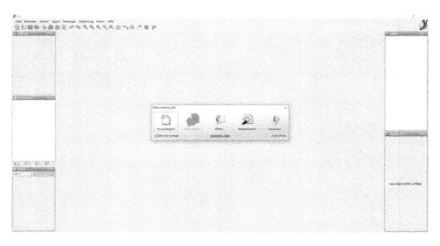

Abbildung 3 yEd Graph Editor - Startbildschirm

Im oberen Bereich des Programmes findet sich die Standardprogrammleiste wieder. Es werden die Menüpunkte: Datei, Bearbeiten, Ansicht, Layout, Werkzeug, Gruppierung, Fenster sowie Hilfe aufgelistet.

Unterhalb dieser Punkte befinden sich einige Shortcuts.

Standardmäßig ist auf der linken Seite die Übersicht eingeblendet. Dort kann man den komplett modellierten Prozess sehen. Unterhalb dessen befinden sich das „Nachbarschafts"-Fenster. In diesem Fenster werden das aktuell ausgewählte Element und dessen Nachbarelemente angezeigt. Ganz unten links in der Ecke befindet sich das Struktur-Menü. Hier werden noch einmal alle Elemente aufgelistet, die in dem Prozess enthalten sind.

In der rechten oberen Ecke befindet sich die Werkzeug-Palette, in der folgende Shapes vorhanden sind:

- Moderne Knoten

- Geometrische Knoten

- Kantentypen

- Gruppenknoten

- Swimlane und Tabellenknoten

- Personen

- Computer-Netzwerk

- UML

- Flussdiagramm

- BPMN

- Entity Relationship

Zusätzlich dazu werden die aktuellen Elemente angezeigt. Dies erspart viel Arbeit, da nicht immer wieder die Shapes gesucht werden müssen, welche man zuletzt gebraucht hat.

In der unteren rechten Ecke befindet sich das Eigenschaften Fenster. Mit diesem Fenster ist es möglich die Shapes noch zusätzlich individuell anzupassen.

Beschriftungen der Shapes empfehle ich nicht per Doppelklick hinzuzufügen, da dadurch einfach eine TextBox erstellt wird. Wenn man die Beschriftung über das Eigenschaften-Fenster auf der rechten Seite vornimmt, wird der eingegebene Name auch gleichzeitig in dem Struktur Fenster angezeigt. Anstelle dessen würde dort „kein Wert" stehen und die Struktur würde sich als unsortiert bzw. unstrukturiert vorweisen.

4.2.1 Anonymisieren

Eine interessante Funktion des yEd Graph Editors ist das sogenannte Anonymisieren. Hier wird der komplette Text aus dem Diagramm gestrichen, wie man in folgender Abbildung erkennen kann:

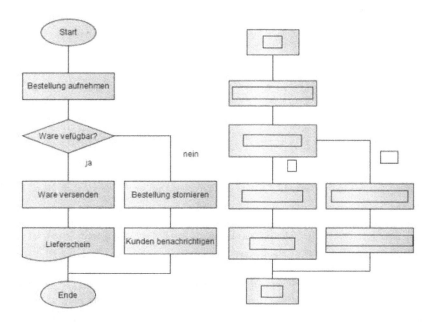

Abbildung 4 yEd Graph Editor – Anonymisieren

Wie man sieht wird dadurch nicht nur die Schrift weggestrichen, sondern auch die Shapes verändert. Als Lehrer kann man diese Funktion zum Beispiel für das Erstellen einer Klausur nutzen, aber der interessantere Nutzen befindet sich in der Verwendbarkeit für die freie Wirtschaft. Es kann immer vorkommen, dass Unternehmen bei Ausschreibungen schon kleine Vorergebnisse sehen wollen, welche aber nicht in Rechnung gestellt werden können. Diese Funktion kann nun dafür genutzt werden, dem Unternehmen den aktuellen Fortschritt zu zeigen, ohne dabei zu viel preiszugeben.

4.2.2 Layout Gestaltung

Ein weiteres nützliches Feature ist die Möglichkeit der Layout-Gestaltung. Man kann alle Felder irgendwo in die Fläche ziehen und der yEd Graph Editor sortiert die Elemente nach den Wünschen des Benutzers.

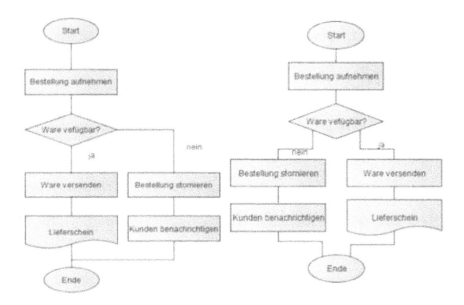

Abbildung 4 yEd Graph Editor - Layout Gestaltung

Für Flussdiagramme eignet sich diese Funktion weniger. Dafür bietet sie bei größeren eEPK´s deutliche Vorteile. Gleichzeitig ist aber auch zu sagen, dass es jeder schafft die Prozesse auf dem alten Weg übersichtlicher zu gestalten als mit der One-Click Layout Gestaltung.

4.3 Modellierung des Beispiels

Die Modellierung des Beispiel Prozesses erwies sich als einfach und war ohne größere Probleme möglich. Alle benötigten Shapes waren in der Palette wiederzufinden. Das Ergebnis ist in der Abbildung zu erkennen.

Es werden Objekte mit folgenden Bezeichnungen aus der Palette benötigt:

Start, Prozess und Programmmodifikation.

Diese sind unter Flussdiagramm wiederzufinden. Das Einfügen erfolgt über Drag & Drop. Die Beschriftung erfolgt über einen Doppelklick auf das Objekt. Zusätzlich dazu wird noch der Linienzug mit Zielpfeil aus der Kategorie Kantentypen verwendet.

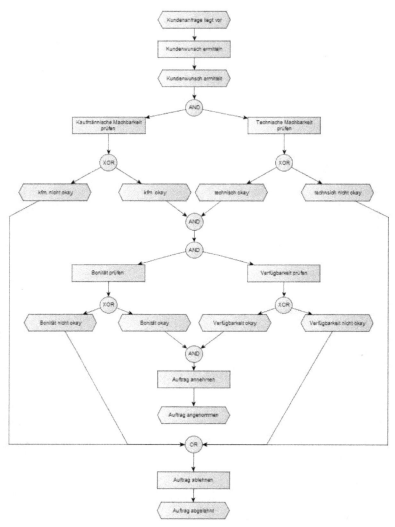

Abbildung 5 yEd Graph Editor – Beispielprozess

Wie man sehen kann, ist die Abbildung übersichtlich gestaltet und sehr leicht nachvollziehbar. Die einzelnen Elemente haben ein schönes Design und lassen sich einfach anordnen. Der yEd Graph Editor hilft durch eine Linienführung dabei, die Elemente exakt untereinander und in derselben Größe darzustellen.

4.4   Test Druckfunktion und Exportfunktion

Das Druckergebnis sticht durch seine herausragende Qualität hervor. Die Farben lassen den Druck insgesamt sehr qualitativ und übersichtlich aussehen. Leider hat dies zum Nachteil, dass der Druck als Vektorgrafik ausgehandelt wird, um das verschwimmen der Farben von hell (auf der linken Seite) zu dunkel (auf der rechten Seite) zu ermöglichen. Dies erzeugt während des Drucks hohe Datenmengen.

Exportfunktionen bringt der yEd Graph Editor auch mit. Ich habe die Funktion ausprobiert um das eEPK in eine EPS-Datei umzuwandeln. Durch Aufheben der Ebenen bzw. Gruppierungen war es mir möglich die einzelnen Objekte in ihre einzelnen Bestandteile aufzuteilen, wie in der nachfolgenden Abbildung zu erkennen ist.

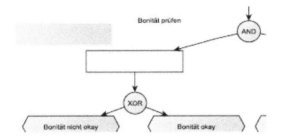

Abbildung 6 yEd Graph Editor - Aufhebung der Gruppierung mit dem Adobe Illustrator

Wie man in der Abbildung 6 erkennen kann, lassen sich die Objekte durch das Auflösen der Gruppierung in Ihr kleinstes Element zerteilen. Diese Elemente setzen sich aus Textbox, Objekt und Backcolor zusammen. Zusätzlich zu der Export-Funktion ist es möglich den Graphen in verschiedene Bildformate zu exportieren. Außerdem besteht die Möglichkeit des PDF-Exports ohne die Installation eines PDF-Druckers. Dadurch spart man Ressourcen auf dem Rechner.

4.5 Vorteile und Nachteile

Hier sollen noch einmal alle Vorteile sowie Nachteile des yEd Graph Editors zusammengeführt werden, um diese später bei der Nutzwertanalyse verwenden zu können.

Zunächst ist zu sagen, dass es sich bei der yWorks GmbH um ein deutsches Unternehmen handelt. Da Produkte, die mit dem Siegel „Made in Germany" versehen sind, von deutscher und somit guter Qualität zeugen, ist davon auszugehen, dass es sich auch bei dem yEd Graph Editor um ein gutes Produkt handelt. Für das Unternehmen sprechen außerdem ganze 14

Jahre Programmiererfahrung. Sie bieten Klassenbibliotheken für verschiedene Programmiersprachen an, um solche Diagramme auch programmieren zu können.[10]

Leider ist die Gestaltung der Website nur auf englischer Sprache lohnenswert. Die deutschen Seiten sind schlecht beziehungsweise gar nicht übersetzt.

Bei Freeware Tools ist es immer wichtig das es keinen Registrierungszwang gibt. Niemand möchte von Newslettern überrannt werden. Dies ist bei diesem Tool gegeben: Downloaden und loslegen. Zum heutigen Zeitpunkt ist es auch wichtig, dass die verschiedenen Plattformen abgedeckt werden. Da der yEd Graph Editor über das Java Runtime Environment läuft, bietet es auch Möglichkeiten mit OSX sowie Linux zu arbeiten. Insgesamt fällt aber ein etwas altmodischer Gesamtstil der Benutzeroberfläche auf, welches aber auch gleichzeitig als Vorteil gewertet kann. Der Stil sorgt für ein schnelles Zurechtfinden und schnelles eigenständiges Arbeiten. Farben und Symbole lenken nicht vom Arbeiten ab.

Das Druckergebnis überzeugt durch einen guten Druck und übersichtlich lesbare Zeichen. Der Druck sieht eins zu eins so aus wie auf der Benutzeroberfläche.

Ein großer Vorteil ist die Exportfunktion für andere Programme sowie die Möglichkeit eines PDF-Exports, wodurch ein zusätzlich installierter PDF-Drucker entfällt und somit die Auslastung des Computers geringer ist. Nachteil der Druckfunktion sind jedoch hohe Datenmengen. Diese sind in Verbindung mit einem Serversystem und einem damit verbundenen Druckerserver nicht von Vorteil. Verschuldet werden die Datenmengen dadurch, dass dem Drucker eine Vektorgrafik zugesandt wird.

5. Diagram Designer

Der Diagramm Designer ist ein einfacher Vektor Graphik Editor, um Flussdiagramme, UML Klassendiagramme und Illustrationen zu erstellen.[11]

5.1 Wer steckt dahinter?

Programmierer des Diagram Designer ist Michael Vinther, ein dänischer Landsmann. Auf seiner Internetpräsenz[12] wird nicht nur der Diagramm Designer angeboten, sondern auch weitere Programme. Seine Unternehmung dazu heißt anscheinend Meesoft.

---

[10] Unter: http://www.yworks.com/ [06.06.2016]
[11] Unter: http://meesoft.logicnet.dk/ [06.06.2016]
[12] Unter: http://meesoft.logicnet.dk/ [06.06.2016]

5.2 Allgemeines

Nach Starten des Programmes öffnet sich eine Benutzeroberfläche die Ähnlichkeit zu Word 2000 aufweist. Das Tool wirkt daher etwas veraltet und nicht auf dem neusten Stand, obwohl das letzte Update im Februar 2016 herausgekommen ist. Dieses ist der Facebook-Seite[13] zu entnehmen. Laut dieser Seite ist eine neue Art mit Verbindungs Text Labeln hinzugefügt worden. Es ist aber auch zu erkennen, dass sich das Tool in der Beta befindet.

Abbildung 7 Diagram Designer - Startbildschirm

Der obere Bereich des Programmes wird durch die Programmleiste geprägt. In der Programmleiste finden sich die Menüpunkte: Datei, Bearbeiten, Diagramm, Objekt und Hilfe wieder. Unterhalb dieser Leiste befinden sich einige Shortcuts, welche sinnvoll gewählt sind. Der Diagramm Designer sticht mit einem einfachen Design heraus.

Auf der linken Seite werden alle Elemente angezeigt, die in der Datei vorkommen. Auf der rechten Seite ist die Anzeige der Shapes. Hier lässt sich zwischen verschiedenen Bibliotheken auswählen:

- Standard

- Electronic Symbols 1-3

- Flowchart

- GUI Design 1-2

---

[13] Unter: https://www.facebook.com/meesoftsoftware/ [06.06.2016]

- UML Class Diagram

In der unteren Ecke besteht noch die Möglichkeit zwischen verschiedenen Ebenen auszuwählen.

Die Größe der Seite lässt sich beliebig anpassen. Der Standard der Seite ist eine DIN-A4 Seite im Hochformat. Die Höhe und Breite lässt sich manuell unter „Diagramm -> Seiteneinstellung" im Millimeterformat angeben.

5.3 Modellierung des Beispiels

Zum Test, und im späteren Vergleich durch die Nutzwertanalyse mit den anderen Tools, wurde auch hier der Beispielprozess modelliert. Dies funktionier ähnlich wie bei den anderen Tools. Die Modellierung selbst funktioniert per „Drag and Drop", mit der sich die benötigten Shapes in die Bearbeitungsfläche ziehen lassen. Nützlich kann es sein, wenn man den reingezogenen Shape per „Copy and Paste" öfters einfügt, um diese dann entspannter und schneller anordnen zu können. Die Modellierung des Beispiels kann der folgenden Abbildung entnommen werden:

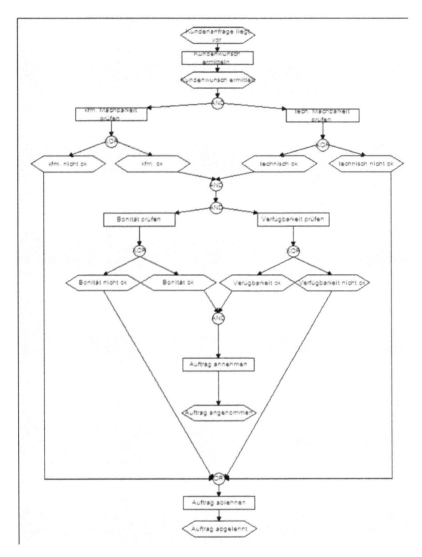

Abbildung 8 Diagram Designer - Beispielprozess

Was man leider nicht hier bei sehen kann, sind die Probleme mit den Connectoren bzw. den Flusspfeilen. Damit man die Flusspfeile an den Shapes anbinden kann, Bedarfs es einiges an Geschick. Die beste Möglichkeit, welche aber auch viel Zeit kostet, ist die Flusspfeile in die Nähe zu setzen. Nun wählt man den Flusspfeil aus und verbindet ihn indem man ihn verlängert und über den Anschlusspunkt des einen Shapes zieht und dieser grün leuchtet und dies dann noch mit der anderen Seite wiederholt.

Die Benutzeroberfläche ist zunächst auf eine DIN-A4 Seite begrenzt, erweitert sich aber sofort, wenn man in die Nähe der Leerfläche kommt.

In der linken Seite des Programmes sieht man die verwendeten Shapes notiert. Hier werden standardmäßig alle mit ihrem Namen aufgelistet. Da die die Flusspfeile und Connectoren nicht benannt sind, tauchen sie in der Liste als „Connector" bzw. „Arrow" auf.

5.4 Test Druckfunktion und Exportfunktion

Der Druck gibt genau das wieder, was auch auf dem Bildschirm zu sehen ist. Durch die Einrichtung beziehungsweise den Startbildschirm mit einer DIN-A4 Seite ist dies auch nicht verwunderlich. Leider wird der Graph an den Drucker als Vektorgrafik gesendet, welche einen hohen Datenverkehr erzeugt. Hohe Datenmengen sind für Server und angekoppelte Druckerserver eher von Nachteil, da dadurch das ganze Netzwerk verlangsamt wird.

Abbildung 9 Diagram Designer – Druckfunktion

Das Druckergebnis insgesamt überzeugt aber gerade durch die Vektorgrafik mit gestochen scharfen Bildern.

Die Exportfunktion umfasst die Speicherung in verschiedenen Bildformaten. Zu diesen zählen die wichtigsten wie PNG, BMP und JPG. Auch weitere Formate sind vorhanden.

5.5 Vorteile und Nachteile

Hier sollen noch einmal alle Vorteile sowie Nachteile des Diagramm Designer zusammengeführt werden, um diese später bei der Nutzwertanalyse verwenden zu können.

Die Software selbst kommt aus Dänemark und entstand aus einem Ein-Mann Projekt. Leider wurde die Software schon länger nicht mehr weiterentwickelt, dadurch fällt es schwer mit dem Entwickler Kontakt aufzunehmen.

Auch hier ist nennenswert, dass es für den Diagram Designer keinen Registrierungszwang gibt. Man kann also ohne weiteres damit arbeiten. Er befindet sich aber noch in der Beta und es könnte sein, dass man sich beim Release registrieren muss oder die Software erwerben muss. Fraglich ist auch, ob es überhaupt zu einem Final Release kommen wird.

Das Design und die Benutzeroberfläche wirkt altmodisch, insgesamt ist das Tool aber übersichtlich gestaltet. Man findet sich schnell zurecht und erkennt schnell die benötigten Shapes.

Als weiteren Vorteil sehe ich hier die Möglichkeit verschiedene Bibliotheken mit Shapes hinzuzufügen. Die Software bietet also nicht nur für die Prozessmodellierung Möglichkeiten, sondern auch für andere Tätigkeiten, wie das Erstellen eines Elektroschaltplans.

Gut ist auch, dass es den Diagramm Designer in deutscher, englischer sowie weitere Sprachen gibt. In dieser Branche zählt Englisch zu einer der wichtigsten Sprachen und somit sind nicht vorhandene Sprachbibliotheken zu verzeihen.

Es ist auf der Homepage auch eine Open Source Software zur Weiterentwicklung vorhanden.[14]Vor allem für Entwickler bietet es somit die Möglichkeit die Software auf die eigenen Wünsche anzupassen und weiterzuentwickeln.

6. Dia

Dia ist ein Programm mit dem sich strukturierte Diagramme zeichnen lassen.[15] Das Programm zeichnet sich durch die Möglichkeit weitere Shapes hinzuzufügen aus.

Einige dieser Shapes sind in der nachfolgenden Abbildung zu erkennen.

---

[14] Unter: https://sourceforge.net/projects/diagramdesigner/ [06.06.2016]
[15] Unter: http://dia-installer.de/ [06.06.2016]

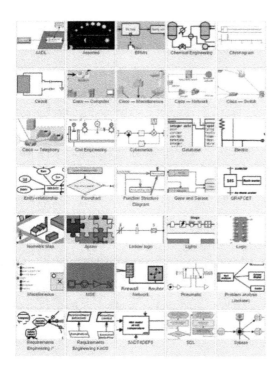

Abbildung 10 Dia - Shapes

6.1 Wer steckt dahinter?

Die ist ein Tool, das von den selben Entwicklern wie GNOME[16] entwickelt worden ist. Dies ist ein Team, welches aus mehreren Entwicklern besteht und ein Linux Betriebssystem entwickelt hat. Dadurch verstehen Sie einiges von der Programmierung. Das Tool selbst kann man über eine eigens dafür vorgesehene Seite downloaden.[17]

6.2 Allgemeines

Um das Dia-Tool zu downloaden ist keine Registrierung erforderlich. Die Benutzeroberfläche wirkt auf den ersten Blick leider unübersichtlich und sehr unbeholfen. Die Unübersichtlichkeit ist der Kachelanordnung auf der Oberfläche geschuldet. Weitere Shapes können einfach hinzugefügt werden. Der Gestaltung der Verbindungslinien sind keine

---

[16] Unter: https://www.gnome.org/ [10.06.2016]
[17] Unter: https://www.dia-installer.de/ [10.06.2016]

Grenzen gesetzt. Es lässt sich genau entscheiden, wie die Linie angefangen, fortgesetzt und beendet werden soll.

6.3 Modellierung des Beispiels

Auch bei dem DIA-Tool soll der Test für die spätere Vergleichbarkeit nicht fehlen. Hierfür wurde, wie die beiden Male zuvor, auch wieder der Beispielprozess verwendet. Gleiche Art von Programm, Gleiches Prinzip. „Drag and Drop" lautet auch hier das Zauberwort. Einziges Problem es gibt eine Mindestgröße welche die Objekte haben müssen. In der folgenden Abbildung ist die kleinste Größe verwendet worden. Die blauen Linien spiegeln eine DIN-A4 Seite wieder.

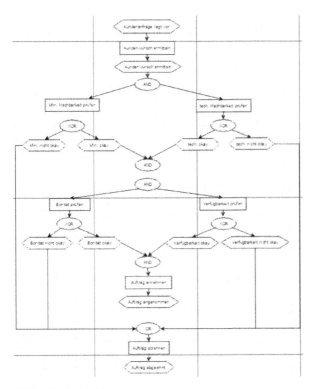

Abbildung 11 Dia - Beispielprozess

Wie man sehen kann, verwendet schon der kleine Beispielprozess acht Seiten. Bei größeren Prozessen bedeutet dies, dass die Grafik oder das Diagramm zum Ausdrucken eher ungeeignet ist. Gut ist die Möglichkeit des Erstellens der Flusspfeile. Dessen Eigenschaften lassen sich vom Anfangs- bis zum Endpunkt genau einstellen.

6.4 Test Druckfunktion und Exportfunktion

Die Druckfunktion gefällt mir sehr gut. Sie erstellt durch die Auflösung in eine Pixelgrafik kaum Datenmengen im Falle eines Netzwerkeinsatzes.

Abbildung 12 Dia - Test Druckfunktion

Die Exportfunktion überzeugt sehr. Viele Möglichkeiten die Grafik in andere Programme zu konvertieren sind vorhanden. Einen Überblick dazu kann aus folgender Abbildung entnommen werden.

Nach Erweiterung

Cairo EMF (*.emf)

Cairo PNG (*.png)

Cairo PNG (mit Transparenz) (*.png)

Cairo Portable Document Format (*.pdf)

Cairo PostScript (*.ps)

Cairo WMF (*.wmf)

Computer Graphics Metadatei (*.cgm)

Dia Form-Datei (*.shape)

Dia-Diagrammdatei (*.dia)

DXF-Datei (*.dxf)

Gekapseltes PostScript (unter Verwendung von Pango-Latin-1-Schriften) (*.eps)

HP Graphics Language (*.plt, *.hpgl)

LaTeX PGF Makros (*.tex)

Pixbuf[bmp] (*.bmp)

Pixbuf[bmp] (*.bmp)

Pixbuf[gif] (*.gif)

Pixbuf[ico] (*.ico, *.cur)

Pixbuf[jpeg] (*.jpeg, *.jpe, *.jpg)

Pixbuf[jpeg] (*.jpeg, *.jpe, *.jpg)

Pixbuf[png] (*.png)

Pixbuf[tiff] (*.tiff, *.tif)

Pixbuf[tiff] (*.tiff, *.tif)

PNG (geglättet) (*.png)

Skalierbare Vektorgrafik (SVG) (*.svg)

Skalierbare Vektorgrafik (SVG, cairo) (*.svg)

TeX Metapost Makros (*.mp)

TeX PSTrick Makros (*.tex)

Visio XML-Format (*.vdx)

Weiterentwickelte Metadatei (*.emf)

Windows Metadatei (*.wmf)

WPG (*.wpg)

XFig Format (*.fig)

XSL-Transformationsfilter (*.code)

Abbildung 13 Dia - Exportmöglichkeiten

Leider ließ sich das komplette Diagramm nicht verkleinern. Das Diagramm wäre über einige Seiten im Falle des Ausdrucks gegangen. Die Exportfunktion in eine EPS-Datei konnte hier aber Abhilfe schaffen. Durch den Export in eine EPS-Datei konnte die gesamte Grafik im Adobe Illustrator verkleinert werden und an eine DIN-A4 Seite angepasst werden.

6.5 Vorteile und Nachteile

Hier sollen noch einmal alle Vorteile sowie Nachteile des Dia Editors zusammengeführt werden um diese später bei der Nutzwertanalyse verwenden zu können.

Ein klarer Vorteil den es bei dem Tool Dia gibt, ist, dass es keinen Registrierungszwang gibt. Dem entgegen steht aber die fehlende Weiterentwicklung der Software, welche momentan bei Version 0.9.7 stehen geblieben ist.

Des Weiteren ist eine ansprechende Benutzeroberfläche vorhanden welche ein einfaches und schnelles zurecht finden in der Software ermöglicht. Eine PDF-Exportfunktion ist von Haus aus vorhanden. Somit entfällt ein PDF-Drucker.

Als einen der größten Vorteile finde ich die Gestaltung der Verbindungslinien. Es lässt sich sowohl der Start, die Mitte als auch das Ende individuell auswählen. Es sind alle Zeichen vorhanden, auch für verschiedene Notationen.

Shortcuts für wichtige Dinge sind vorhanden und ermöglichen dadurch ein schnelles arbeiten mit der Software, begrenzt auf das Nötigste.

Es kann vieles individualisiert werden. Positiv ist die Größe der Benutzeroberfläche. Sie wird durch Linien unterteilt welche eine DIN-A4 Seite wiedergeben. Man kann also die Grafik größer gestalten, mit einem DIN-A4 Drucker ausdrucken und dann als Poster zusammenkleben. Dies ist für Programmierer und Seminare von Vorteil um sich einen schnellen Überblick des Geschäftsprozesses zu machen.

Die Druckfunktion erstellt sehr geringe Datenmengen da Pixelgrafiken verwendet werden, woraus sich eine gute Eignung für Terminalserver und den damit verbundenen Druckerserver ergibt.

7. Bic Design Free Webedition

„BIC Design ist das professionelle BPM-Modellierungstool für Einsteiger und Experten. Die intuitive Bedienung ermöglicht den schnellen Einstieg in die Welt der Prozessmodellierung ohne Hindernisse. Wachsende Ansprüche an die Werkzeugfunktionalität deckt die BIC Plattform bereits im Standard ab."[18]

BIC Design eignet sich nicht nur für die Prozessmodellierung und Analyse, sondern auch für die Dokumentation detaillierter Prozessbeschreibungen.

---

[18] Unter: http://www.gbtec.de/bpm-software/bic-design/ [06.06.2016]

7.1 Wer steckt dahinter?

BIC Design Free Webedition gehört zur GBTEC Software + Consulting AG, eines der führenden Anbieter für BPM Software und BPM Beratung. [19]

7.2 Allgemeines

Dank der modernsten Webtechnologie ermöglicht BIC Design Free WebEdition im Handumdrehen das entwerfen von Geschäftsprozessen. BIC Design Free WebEdition ist ein 100% browserbasiertes BPM Tool. Die Prozessmodellierung erfolgt direkt über einen Webbrowser, dadurch entfällt eine zusätzliche Installation einer Software oder das Nutzen einer Cloud. Sollte man kurzzeitig keine Internetverbindung haben, so ist es dennoch möglich Prozesse zu modellieren. Das Tool muss nur einmal geladen werden und man kann es immer nutzen, auch offline. Die Daten sind dabei gesichert, da diese nicht in einer Cloud gespeichert werden. Die Speicherung der Daten erfolgt dadurch nur im Browser auf dem eingesetzten Endgerät. Es entstehen keine Kosten für Lizenzen oder eine Wartung der Software. Die BIC Free WebEditon erhält kostenfrei die Updates sobald es mit dem Internet verbunden ist und ein Update zur Verfügung steht. [20]

Sollte man später dennoch wünschen auf die BIC Platform, also die erweiterte Bezahlversion, umzusteigen, ist dies ohne Probleme möglich. Die Daten können eins zu eins übernommen werden und sind kompatibel.

Folgende gängige Standards sind vorhanden um die Prozessideen umzusetzen:

- Business Process Model and Notation (BPMN)

- Wertschöpfungsketten (WKD)

- ereignisgesteuerte Prozesskette (EPK)

- Organisationsdiagramme

- Universaldiagramme

7.3 Modellierung des Beispiels

Die Modellierung des Beispiels erwies sich als sehr einfach. Zunächst musste ein neues Dokument ausgewählt werden. Hier konnte zwischen den bereits im vorherigen Kapitel genannten Standards auswählen. Für die eEPK wurde folglich der Standard des EPK

---

[19] Unter: http://www.gbtec.de/company/ [06.06.2016]
[20] Unter: http://www.bpm-software-tool.de/home/startseite.html [14.06.2016]

ausgewählt. Dieser Standard enthält alle notwendigen Shapes die für das Projekt erforderlich sind. Um diese in die Benutzeroberfläche zu bekommen wird die Drag & Drop Funktion verwendet. Dies funktionierte ohne Probleme. Die Linien werden einfach von Shape zu Shape gezogen. Ganz zum Schluss kann man die gesamte Grafik markieren und kleiner ziehen, damit diese auf eine Seite passt oder groß lassen und über mehrere Seiten ausdrucken.

Die Modellierung des Beispiels kann der folgenden Abbildung entnommen werden.

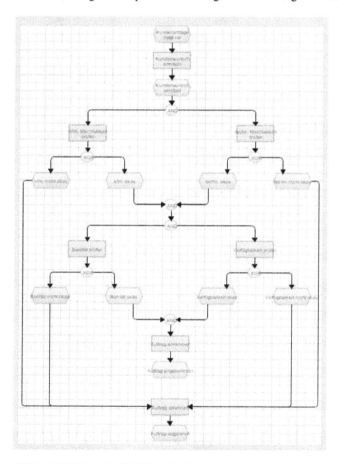

Abbildung 14 BIC Design Free WebEdition - Beispielprozess

7.4 Test Druckfunktion und Exportfunktion

Die BIC Design Free WebEdition bringt einige Möglichkeiten des Exports mit. Zum einen besteht die Möglichkeit eines Exports als Prozesshandbuch. Bei Ausführen dieser Funktion wird eine Word-Datei erstellt, die zum Einen den Namen und weitere Details aufführt und zum Anderen die Grafik in die Word Datei einbettet.

Des Weiteren besteht die Möglichkeit nur die Grafik zu exportieren. In diesem Fall wird eine PNG-Datei mit dem Inhalt des Graphen erstellt.

Außerdem gibt es eine Exportfunktion, welche es ermöglicht den Graphen für andere Browser und Rechner zu exportieren. Hierfür wird eine XML-Datei erstellt, welche einfach wieder über die Importfunktion eingelesen werden kann.

Zu guter Letzt besteht die Möglichkeit die Grafik als PDF zu drucken. Hierbei spart sich das Tool quasi eine Funktion. Es wird ein PDF-Dokument exportiert, welche man entweder abspeichern oder nach Belieben ausdrucken kann.

7.5 Vorteile und Nachteile

Hier sollen noch einmal alle Vorteile sowie Nachteile des BIC Design Free Webedition zusammengeführt werden, um diese später bei der Nutzwertanalyse verwenden zu können.

Der größte Vorteil dieses Tools ergibt sich aus der Tatsache, dass es möglich ist das Tool auf jedem Rechner über den Browser zu starten. Man muss also keine Software installieren. Dies ist von besonderem Nutzen, wenn man auf einem Rechner arbeiten möchte auf dem man nicht über die benötigten Nutzerrechte verfügt, Software zu installieren.

Ein weiterer Vorteil ist, dass die Grafik übersichtlich und leicht gestaltet werden kann. Alle nötigen Shapes sind vorhanden und sehen dabei auch noch sehr modern gestaltet aus. Die gesamte Grafik ist somit sehr übersichtlich gestaltet.

8. Bewertung der Tools

Um die Tools vergleichbar zu machen und gemeinsam bewerten zu können, erfolgt an dieser Stelle eine Nutzwertanalyse. Die Nutzwertanalyse behandelt Eigenschaften, die für mich als Nutzer sinnvoll sind, welche aber auch andere Nutzer ansprechen. Zusätzlich dazu werden grundlegende Eigenschaften behandelt und verglichen. Die Nutzwertanalyse kann als

Hilfestellung für alle Mehrzielentscheidungen verwendet werden.[21] Die Folge der Nennungen hat nichts mit den Wertigkeiten dieser zu tun.

8.1 Aufbau der Nutzwertanalyse

Die Nutzwertanalyse besteht aus 11 Spalten und beliebig vielen Zeilen. In der ersten Spalte werden die Kategorien und Unterkategorien aufgeführt. Diese Unterkategorien werden mit Hilfe der dritten Spalte und den darin enthaltenen Zielkriterien, näher erläutert. Die dritte Spalte enthält die Gewichtung. Auch diese wird in den nachfolgenden Kapiteln erläutert. Die nächsten 8 Spalten setzten sich aus jeweils zwei Spalten für die einzelnen 4 Tools zusammen. Sie sind aufgeteilt in Bewertung und Scores. Die Bewertung erfolgt von 1-10 Punkten. Die Scores sind das Ergebnis aus der Multiplikation der Gewichtung und Bewertung. In der untersten Zeile steht dann die Summe aller Scores. Der höchste Wert führt dann zum besten Ergebnis und somit auch zum besten Tool.

Kategorie	Zielkriterium	Gewichtung	YED Graph Editor		Diagram Designer		Dia		BIC Design Free	
			Bewertung	Scores	Bewertung	Scores	Bewertung	Scores	Bewertung	Scores
Grundlegende Eigenschaften										
Technische Anforderungen										
Anwenderunterstützung										
Anbieter										
Summe Scores										

Abbildung 15 Nutzwertanalyse - leer

8.1.1 Grundlegende Eigenschaften

Grundlegende Eigenschaften sind Eigenschaften die jedes Tool mitbringen sollte und wichtig für alle sind.

---

[21] Unter: http://www.controllingportal.de/Fachinfo/Grundlagen/Die-Nutzwertanalyse.html [06.06.2016]

Die erste grundlegende Eigenschaft ist Dokumentenmanagement. Hiermit ist das „Speichern von Dokumenten", insbesondere des Aufbaus der Dateisysteme gemeint. Aus Eclipse zum Beispiel kennt man den Workspace, welcher eine übersichtliche Darstellung aller Dateien, die sich in diesem Workspace befinden, garantiert. Wenn es um größere Projekte geht ist das nicht nur hilfreich, sondern auch von Nöten.

Die zweite Eigenschaft ist die Zusammenarbeit im Team. Diese Eigenschaft soll garantieren, das es auch möglich ist, mit mehreren zusammen, im Team zu arbeiten. Also ob es zum Beispiel möglich ist Dateien gleichzeitig zu öffnen und zu kommentieren oder in einer Cloud zu speichern, um die Datei von einem anderen Rechner zu öffnen und zu bearbeiten.

Außerdem habe ich hierunter die Ausfallraten bei Referenzkunden und die Übersichtlichkeit zusammengefasst. Die Übersichtlichkeit des Programmes ist an dieser Stelle selbst erklärend. Bei den Ausfallraten geht es darum, ob schon Ausfälle bekannt sind, welche von der Nutzung abraten könnten.

Als letzter Punkt wird hier die Exportfunktion notiert. In jeder guten Software sollte eine Exportfunktion vorhanden sein. Nicht nur die Exportfunktion als PDF, sondern auch die Exportfunktion in andere Programme ist hierbei wichtig. Dazu werden gleiche Programmsprachen verwendet, zum Beispiel das XML-Format.

Grundlegende Eigenschaften	Dokumentenmanagement
	Zusammenarbeit im Team
	Ausfallraten bei Referenzkunden
	Übersichtlichkeit
	Export Funktion

Abbildung 16 Nutzwertanalyse - Grundlegende Eigenschaften

8.1.2 Technische Anforderungen

Als erste technische Anforderung ist die Integration von Office-Suiten zu nennen. Zu den Office-Suiten zählen Word, Excel, Outlook, PowerPoint und Weitere. Integration bedeutet das es Schnittstellen zu diesen Programmen gibt, zum Beispiel die Möglichkeit einen Graphen an eine E-Mail anzuhängen und das, aus der eigentlichen Software heraus. Daraus folgt gleichzeitig die zweite technische Anforderung nämlich die Schnittstellen in andere Systeme. Da die Bedeutung vorher schon erklärt wurde, wird dies an dieser Stelle ausgelassen.

Der dritte Punkt der technischen Anforderungen bezieht sich auf die Eignung für große Nutzerzahlen, also darauf, ob auch größere Unternehmen theoretisch damit arbeiten könnten. Die nächste Anforderung ist die Systemstabilität, also wie stabil das System läuft. Das bedeutet, ob es Programmabstürze oder gar Systemabstürze zu verzeichnen gibt. Aus der Systemstabilität folgt auch der nächste Punkt, nämlich die Programmgeschwindigkeit, beziehungsweise Performance. Die Performance nimmt Rücksicht darauf, wie schnell und flüssig das eigentliche Tool läuft und ob es zum Beispiel zu Frameeinbrüchen führt.

Die nächsten beiden Punkte sind besonders für größere Unternehmen interessant. Zunächst ist das die Client-Server Anwendung also ob das Tool auch auf einem Server zum Einsatz kommen kann. Der letzte Punkt dieses Blocks beschreibt die Möglichkeit einer Datensicherung. Es wird speziell auch darauf geachtet ob das Tool eigene Möglichkeiten zur Verfügung stellt.

Technische Anforderungen	Integration von Office-Suiten
	Schnittstellen in andere Systeme
	Eignung für große Nutzerzahlen
	Systemstabilität
	Geschwindigkeit (Performance)
	Client-Server Anwendung
	Datensicherung

Abbildung 17 Nutzwertanalyse - Technische Anforderungen

8.1.3 Anwenderunterstützung

Die Kategorie der Anwenderunterstützung beschreibt all das, was dem Anwender zur Verfügung steht. Zunächst werden die Rechte und Benutzerverwaltung bewertet. Diese beinhaltet zum Beispiel das Nehmen oder Hinzufügen von Rechten für einige Benutzer.

Der zweite Punkt beschreibt die Suchfunktion, also die Möglichkeit in dem Tool auch nach bestimmten Sachen oder auch Prozessen zu suchen. Wichtig wird das, wenn man größere Projekte modelliert und wissen will, ob der Prozess schon vorhanden ist oder wo genau er vorhanden ist.

Im nächsten Punkt geht es um die Personalisierung. Mit Personalisierung ist das Ändern der Software gemeint, also das Hinzufügen von Shapes und das Ändern der Benutzeroberfläche und der Anpassung auf die eigenen Wünsche.

Auch die Unterstützung von Mobile Devices sollte hier nicht außer Acht gelassen werden. Heutzutage kann es öfters vorkommen, dass man beim Kunden ist und das Modellierte zum Beispiel am Smartphone oder Tablet zeigen und besprechen muss.

Als letzter Punkt in der Anwenderunterstützung wird die Mehrsprachigkeit der Tools untersucht. Bedeutend sind vor allem die Sprachen Deutsch und Englisch, aber auch andere sollten nicht vernachlässigt werden.

Anwenderunterstützung	Rechte- und Benutzerverwaltung
	Suchfunktion
	Personalisierung
	Unterstützung von Mobile Devices
	Mehrsprachigkeit

Abbildung 18 Nutzwertanalyse - Anwenderunterstützung

8.1.4 Anbieter

Die letzte Kategorie behandelt den Anbieter. Er bewertet die Serviceleistungen des Anbieters, die Festigung des Anbieters am Markt, sowie die Anzahl der aktiven Kundeninstallationen.

Anbieter	Serviceleistung des Anbieters
	Festigung des Anbieters am Markt
	Anzahl aktiver Kundeninstallationen

Abbildung 19 Nutzwertanalyse - Anbieter

8.1.5 Gewichtung

Bei der Gewichtung werden 10 Stufen von „nicht erfüllt" bis „überragend" verwendet. Sie helfen dabei, Gleichheit in der Nutzwertanalyse zu schaffen. Ohne diese wäre eine Gleichheit nicht gegeben. Die Gewichtungsfaktoren können aus nachfolgender Abbildung entnommen werden.

Erfüllung des Kriteriums	Zielerfüllungsfaktor
nicht erfüllt	0
gerade noch ausreichend	1
ausreichend	2
ausreichend – befriedigend	3
befriedigend	4
befriedigend - gut	5
gut	6
gut - sehr gut	7
sehr gut	8
sehr gut - überragend	9
überragend	10

Abbildung 20 Nutzwertanalyse - Gewichtung

8.1.6 Nutzwertanalyse vollständig

Wenn wir die Kriterien nun in unsere Excel-Tabelle mit der Nutzwertanalyse einfügen, ergibt sich das komplette Gerüst der Nutzwertanalyse. Nun werden noch die Gewichtungen eingetragen, die sich aus den persönlichen Präferenzen ergeben, also die Bevorzugung oder Begünstigung einer Alternative.

			VED Graph Editor		Diagram Designer		Dia		BIC Design Free	
Kategorie	Teilkriterium	Gewichtung	Bewertung	Scores	Bewertung	Scores	Bewertung	Scores	Bewertung	Scores
Grundlegende Eigenschaften	Dokumentenmanagement	4								
	Zusammenarbeit im Team	1								
	Ausfallraten bei Referenzkunden	2								
	Übersichtlichkeit	10								
	Export Funktion	5								
Technische Anforderungen	Integration von Office-Suiten	2								
	Schnittstellen in andere Systeme	5								
	Eignung für große Nutzerzahlen	5								
	Systemstabilität	5								
	Geschwindigkeit (Performance)	10								
	Client-Server Anwendung	3								
	Datensicherung	5								
Anwenderunterstützung	Rechte- und Benutzerverwaltung	10								
	Suchfunktion	5								
	Personalisierung	5								
	Unterstützung von Mobile Devices	10								
	Mehrsprachigkeit	5								
Anbieter	Serviceleistung des Anbieters	3								
	Festigung des Anbieters am Markt	3								
	Anzahl aktiver Kundeninstallationen	2								
Summe Scores		100								

Abbildung 21 Nutzwertanalyse – vollständig

Die Wichtigsten Punkte für mich sind die Übersichtlichkeit, die Geschwindigkeit des Programms, die Rechte und Benutzerverwaltung sowie die Unterstützung von Mobile Devices.

Weniger wichtig ist die Zusammenarbeit in Teams oder die Anzahl der aktiven Kundeninstallationen.

8.2 Durchführung der Nutzwertanalyse

Bei der Nutzwertanalyse werden nun in den vier Bewertungsspalten die erzielten Punkte eingegeben. Diese Punkte erfolgen nach eigenem Ermessen und wie ich selbst dieses Kriterium sehe.

Die grundlegenden Eigenschaften und technischen Anforderungen sind einfach zu bewerten, da sich alle hier angegebenen Kriterien testen lassen.

Schwieriger wird es bei der Kategorie Anwenderunterstützung. Diese Kriterien sind schwer zu Testen und es müssen einige Abstriche gemacht werden.

Der Anbieter selbst ist dafür aber wieder leicht zu bewerten.

Wenn die Bewertung erfolgt ist, wird die Bewertungsspalte mit der Gewichtungsspalte multipliziert. Die Summe der Multiplikation einer Spalte ergibt die Summe der Scores und folglich die Bewertung des Tools.

8.3 Ergebnis der Nutzwertanalyse

Nach dem ich die Nutzwertanalyse durchgeführt habe, bin ich zu folgendem Ergebnis gekommen:

Kategorie	Zielkriterium	Gewichtung	yED Graph Editor		Diagram Designer		Dia		B/C Design Free	
			Bewertung	Scores	Bewertung	Scores	Bewertung	Scores	Bewertung	Scores
Grundlegende Eigenschaften	Dokumentenmanagement	4	10	40	4	16	3	12	3	12
	Zusammenarbeit im Team	1	0	0	0	0	0	0	0	0
	Ausfallraten bei Referenzkunden	2	10	20	2	4	2	4	8	16
	Übersichtlichkeit	10	9	90	4	40	3	30	10	100
	Export Funktion	5	8	40	6	35	5	25	8	40
				0		0		0		0
				0		0		0		0
Technische Anforderungen	Integration von Office-Suiten	2	0	0	0	0	0	0	0	0
	Schnittstellen in andere Systeme	5	4	20	2	10	2	10	10	50
	Eignung für große Nutzerzahlen	5	8	40	3	15	3	15	8	40
	Systemstabilität	5	10	50	7	35	6	30	9	45
	Geschwindigkeit (Performance)	10	9	90	7	70	7	70	8	80
	Client-Server Anwendung	3	0	0	0	0	0	0	4	12
	Datensicherung	5	4	20	4	20	4	20	1	5
				0		0		0		0
Anwenderunterstützung	Rechte- und Benutzerverwaltung	10	0	0	0	0	0	0	0	0
	Suchfunktion	5	2	10	1	5	0	0	0	0
	Personalisierung	5	8	40	4	20	2	10	0	0
	Unterstützung von Mobile Devices	10	2	20	2	20	1	10	4	40
	Mehrsprachigkeit	5	8	40	6	30	7	35	9	45
				0		0		0		0
				0		0		0		0
Anbieter	Serviceleistung des Anbieters	3	4	12	1	3	1	3	4	12
	Festigung des Anbieters am Markt	3	3	9	1	3	0	0	10	30
	Anzahl aktiver Kundeninstallationen	2	0	0	0	0	0	0	8	16
Summe Scores		100		541		521		274		568

Abbildung 22 Nutzwertanalyse - durchgeführt

Wie zu erkennen ist, gibt es zwei Tools die im Gegensatz zu den Anderen hervorstechen. Zum einen ist dies der yEd Graph Editor und zum anderen die BIC Design Free WebEdition. Wie man sehen kann, kommt es öfters vor, dass ich null Punkte verteilt habe. Dies liegt dann daran, dass diese Funktion nicht gegeben ist oder mir keine Daten dazu vorlagen. Außerdem kommt es vor, dass teilweise die volle Punktzahl vergeben wurde. Der Diagram Designer und Dia konnten insgesamt also nicht überzeugen.

9. Fazit

Letztendlich lässt sich sagen, dass es einige Tools gibt, die die Arbeit bei der Prozessmodellierung erleichtern und Alternativen bieten. Nach einer langen Testphase bin ich zu folgendem Entschluss gekommen:

Möchte man auf einer Plattform arbeiten, ist der yEd Graph Editor die beste Wahl. Möchte man mobil arbeiten können und dies an jedem Rechner, bietet die BIC Design Free WebEdition die beste Alternative zu der teuren Prozessmodellierungssoftware, wie Microsoft Visio dies ist.

Quellenverzeichnis

Absolventa Absolventa GmbH, Berlin 2016, https://www.absolventa.de/jobs/channel/ingenieure/thema/engineering-definition, 04.06.2016

Dr. Markus Sippermann Gabler Wirtschaftslexikon Software, Wiesbaden 2016, http://wirtschaftslexikon.gabler.de/Definition/software.html, 04.06.2016

Gnome Startseite der Organisation, o.A., http://meesoft.logicnet.dk/, 10.06.2016

GBTEC GmbH Unternehmenspräsentation, o.A., http://www.gbtec.de/company/, 06.06.2016

Michael Vinther Beschreibung Diagram Designer, Dänemark 2016, http://meesoft.logicnet.dk/, 06.06.2016

MS Office Outlet: Microsoft Visio, Wallenhorst 2016, http://msoffice-outlet.de/ms-visio/, 04.06.2016

o.V. Lizenzen für Software, Esslingen 2016, https://lehrerfortbildung-bw.de/sueb/recht/urh/allg/liz/softw/, 04.06.2016

Prof. Dr. Berthold Stegemerten Vorlesungsunterlagen, Mönchengladbach 2014

Prof. Dr. Richard Lackes Gabler Wirtschaftslexikon Software Engineering, Wiesbaden 2016, http://wirtschaftslexikon.gabler.de/Definition/software-engineering.html, 04.06.2016

Stefan Schulze Lateinwörterbuch, Horstmar 2016, http://www.frag-caesar.de/lateinwoerterbuch/procedere-uebersetzung.html, 04.06.2016

Steffen Macke Produktvorstellung Dia, o.A., http://meesoft.logicnet.dk/, 06.06.2016

yWorks GmbH Produkte yEd, Tübingen 2016, http://www.yworks.com/products/yed, 04.06.2016

yWorks GmbH Produkte Diagrams for Confluence, Tübingen 2016, http://www.yworks.com/products/diagrams-for-confluence, 04.06.2016

yWorks GmbH Startseite, Tübingen 2016, http://www.yworks.com/, 06.06.2016